나누어 가지는 향기

문학공원 시선 152

나누어 가지는 향기

장황 시집

문학공원

〈서시〉 하나

사랑하는 것은

사랑하는 것은
꽃을 사랑하는 마음보다
더 아름다운 것
보이지 않는 곳에서
지켜봐주는 마음 있기에
아름답게 보이는 것

사랑하는 것은
가진 것을 아낌없이 주고
돌려받지 못 한다 해도
그를 원망하지 않으며
그대가 병들지 않기를
진정한 마음 담아 기원하는 것

사랑하는 것은
별 속에 곱게 묻어 두고
마냥 그리워만 하다가
그 별 속에 묻히는 날 되도록
그저 바라볼 수 있음에
감사하는 그 마음 시로 그리는 것.

〈서시〉 둘

시를 쓰겠나이다

나의 주님
사는 동안 시를 쓰겠습니다

삶의 바른 길을 찾는 생이오니
미혹(迷惑)속에 살아가며
주 안에서 승리하는 깊은 사연을
시로 쓰겠나이다

이웃을 사랑하라 이르시니
사랑은 하겠으나
필연(必然)의 받은 상처와
세상을 살며 쌓은 허물에 대한
회한을 시로 남기게 하소서

맑은 날에도
먹장 같은 날에도
살아가는 순간들을 아름답게 생각하며
복된 시를 쓰며 살게 하소서

성령으로 기름 부으사
맑고 고운 시상이
눈 내리듯 내리게 하여
따뜻한 가슴으로 시를 짓게 하소서.

CONTENTS

1부

하루 또 하루 살면서

2부

파도와 바위

3부

그대는 내 사랑

4부

사랑하는 성도님께

밤하늘에
반짝이는 별들의 은하수
땅에는 반딧불을 보며
평온하게 살아가던 지난 날
흘러간 세상은 다시 오지 않으리라
아 슬픈 이 밤이여

- 땅에 떨어진 별 中에서 -

1부

하루 또 하루 살면서

땅에 떨어진 별

마음이 혼란하고 아파
옥상에 오르니
은하수 많은 별들
모두 다 땅에 떨어져 있다
아우성치는 별빛이
변해버린 내 인생과 같다

고개 들어 하늘을 보니
별 하나 없는 하늘
땅을 내려다보니 온통 별천지
삶의 터 광란의 불빛
변해버린 혼돈의 세상이
바닥에서 허우적거렸다

밤하늘에
반짝이는 별들의 은하수
땅에는 반딧불을 보며
평온하게 살아가던 지난 날
흘러간 세상은 다시 오지 않으리라
아 슬픈 이 밤이여.

하루 또 하루 살면서

하루 또 하루 살면서
살아가는 것은 희망이고
사랑의 열매는 생의 축복

새로운 날들은 시작이 되지만
다가올 삶
인생은 늘 아물아물하다

새로운 삶의 꿈
그려보지만
어느새 만추의 물든 낙엽

여름 나무처럼
늘 푸를 수는 없을까
잡을 수 없는 태양은 서산을 물들였다

내 것으로 누리지 못하는 인생사
잡초처럼 살았어도 때론
칭송 받는 그런 삶이고 싶다.

잠들어 꿈꾸게 하소서

불타 버려도
또 옮겨 붙어
다시 타서
차마 다 못 타도
불이 되어
불로 태워
재라도 남겨주고

물이 되어
물로 식혀
쌓아주시고
물에도 젖지 않은
뿌리를 내리시어
불에도 뜨겁지 않은
사랑을 주시어

불행이 모두 사라지고
내 모습이 상하지 않게 해
형체를 지킨 채
잠들어 꿈꾸게 하소서.

떠나야만 하는데

사업이
바람 되어 흩어진 날
나 어디로든
떠나야지
삶의 아픈 병증이 깊은 내 운명
얼어붙은 창문 사이로
언제 가냐 자꾸 묻는데
대답도 못하고 울고만 있다

난
오늘도
떠나려하지만
갈 곳이 어디인지 몰라
주저앉았다

오늘도
내 호흡 속에서
생의 운명을 버리지 못하고
점점 깊어가는 환자가 되어
가슴 속에서만 울음을 쏟고 있다.

한번만 더 용서해준다면

깊은 산골 속 동원병원
창문에 기대어 밖을 보았다

노송 위에
솜 송이 눈이 내려
새색시 버선등을 만들고
어디선가
모이 찾는 딱따구리 소리
이 가슴을 찍는다

태풍 같은 인생사
넝쿨 장미처럼 엉킨 당신
당신은 장미꽃 곱게 피우고
나 알찬 뿌리 되어
행복하려 하였는데

재 넘어 있는 당신
한번만 더 용서해준다면
한번만 더 안아준다면
아직 많이 남은 생
당신에게 잘하며 살고 싶은데
언제나 재 넘어 면회 올까

오라는 당신은 아니 오고
눈만 하염없이 날려
쌓이고 있구나.

열쇠 부부

버려진 나를
고물 장사가 주워
용광로에 달구더니만
자물쇠로 만들어
열쇠에게 장가보내
병원 출입문 창살로 분가하였네

어느 부부는
기러기 가족 되어
한 달에 한 번도 힘 드는데
하루에도 몇 십 번
행복일까 불행일까
고통스럽기만 하네

다시 태어날 수만 있다면
어느 가정집으로 가서
하루에 한번만
깊은 곳 깊은 사랑
살며시 열어주는
부부가 되고 싶네.

어버이날 카네이션

카네이션 한 송이
가슴에 달아줄 때
서러움과 기쁨에
한참이나 울었다

달아주어야 하고
받아야 할 가족들
폭풍 낙엽 되어 날아가고
외로움이 남긴 흔적의 부스러기
눈물 되어
아픈 상처 씻어 내린다

삶이 고달파 서러운 것 아니고
외면당한 인생이 아파
눈물 흘린 것이다

어버이날 애달픈 사연
나 하나뿐 아닌 것을.

집 짓는 노숙자

로또 복권 한 장 사들고
지하도 모퉁이 구석에
종이상자 펴놓고

종이집 안에 앉아
동냥한 소주 병째 마시고 누워
새우잠을 자면서 꿈속에서
복권이 당첨되어 기와집을 지었다

밤마다
백번도 더 지은 집
미소 지으며
날마다 집을 짓겠지

추위에 못 견뎌 잠 깨어나니
산산 조각난 삶
고향 처자식 그리워
서러움 밤새도록 토해낸다.

발자국소리

밤마다
들려오는 발자국소리

선잠을 깬 노인
담배 입에 물고 연기를 토한다

방문을 열고는 혼자 있는 고독을
담배 연기와 함께 뿜는다

어둠 속에 눈빛이 빛나는
도둑고양이의 울음

뜬 눈으로 밤을 지새우는 노인의 귀에
오늘도 저승사자 발자국소리가 들리고 있다.

만남

만남은 설렘을 주지만
슬픔을 주기도 하고
친할수록 기쁨이 커지지만
또한 괴로움도 견뎌야한다

만남이란
헤어짐을 전제하는 것

다툼으로 헤어짐이야
새로운 만남으로 치료한다지만
세상을 떠나보내야 하는
헤어짐은 무엇으로 치료하는가

고통을 딛고 일어서는 힘
진정한 인내를 배우게 하는 이별

헤아릴 수 없는 만남의 연줄
보이지 않은 거미줄 되어
잠시도 멈추지 않고 나를 엮는데
오늘의 만남은 내게 어떤 고리가 될까.

가슴앓이

깨물고 또 깨물며
숱한 세월 지나보냈건만
한순간 바람 불어
꿈은 산산이 부서지고

남은 체면이라도 지키려했으나
소낙비에 다 쓸려갔다

팔십 가까운 지금
술잔에 남은 세월 마시고
취한 채 고개 들어
하늘을 바라보니

어느새 숙어진 얼굴
눈물만 무심히 흐른다.

추억의 사진

환상의 아름다움
아련히 아픈 것도
카메라에 담아놓아
세월이 흐른 뒤 꺼내어
깊은 맛을 음미하자

누군가와 빚은 가슴 시린 사랑
어디서 만든 벗들과의 조각들
사시사철 유혹당해 함께 한 사연들
모두 가슴 속 장독에 담아
오래된 장처럼 잘 익히자

세찬 바람이 가슴을 찢어도
비가 쏟아져 가슴이 허전해도
눈이 찾아와 달콤하게 유혹해도
묵고 묵은 간장 같이 잘 익도록
간직해두자

얼굴에 주름살 돋아나고
손자 손녀 매달려
경로당으로 피신 갈 즈음
큰 집에 혼자 남아
삶의 맛을 음미해보자

눈감고
오래전 타임머신을 부르자
멋이 있든 없든
잘 익어서 살찐 추억의 선물
사진을 꺼내어
아련한 미소를 지어보자.

죽은 씨앗

삶을 버리고
잃어버린 나를 찾아
가출한 지 일 년
구겨진 인생
내일이 두렵다

아수라장이 된 지금
갈 길을 찾지 못해
피 멍이든 몸은
하늘만 아는
큰일을 저지르고 싶어 한다

그 일이
선이건 악이건
감방이든 죽음이든
어딘가 정착하여야만
숨을 쉴 것만 같다

어수선하고 혼잡한 생각이
회오리바람 칠 때면
허무하게 잃어버린
나의 인생
갈기갈기 예리한 칼로 자르고 싶다

나의 생을
또 다른 화분에 다시 심는다면
싹이 트고 잎이 나고
아름다운 꽃이 필까
아 이미 죽은 씨앗인 것을.

인생아

허리 잘린 나무도 때가 되니
새움 돋아 푸르고
말라버린 개천도 비가 오니
강물 되어 흐르는데

인생아 나의 인생아
무엇이 조급하여
기다리지 못하였는가

산은 언덕이 있어
산이라 부르고
숲은 나무가 있어
산새가 지저귀고
하늘은 잡을 수 없어
하늘이라 부르는데

인생아 나의 인생아
너는 무엇 때문에
이름 짓지 못하고 날 버렸느냐

버려진 오늘 무엇이라 부를까
인생 너의 얼굴을 찾으려
나는 노숙자가 되었노라.

친구

나의 얕은 마음을
깊게 해주고
내 좁은 마음을
넓게 해주는 친구
너 없으면 못 살겠구나

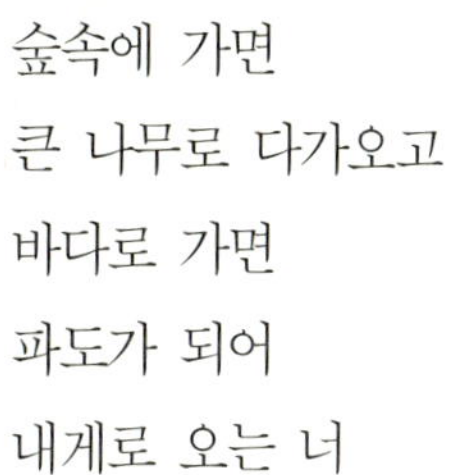

숲속에 가면
큰 나무로 다가오고
바다로 가면
파도가 되어
내게로 오는 너

늘 말없이 조용해도
내게 다가와
힘을 주는 친구야
멀리 있으면 그립고
가까이 있어도 보고픈

한 몸 같은
소꿉친구여.

아픈 삶과 순두부

아픈 삶에 빠져 있을 때는
작은 바람에도
흔들거린다

아련한 아픔
쏟아질 듯한 눈물
비명조차 지를 수 없지만

비온 뒤
구름 속에 숨어보자
새 희망 꿈이 보인다

뭉게뭉게 피어나는
순두부와 함께
새 희망
꿈을 먹어보자.

단골손님

당신은
외로울 때나 즐거울 때나
아무 때나 오셔서
나를 꼭 잡고
입 맞추며
다 가지시더니
가실 때는 말없이
나를 버리고 가시는 군요

나는
뜨거운 물에
몸단장 깨끗이 하고
당신이
또 오시기를
기다리는
다방 커피 잔

당신은
우리 다방
존경하는
단골손님
단골손님이시구려.

담배 연기 속에서

두 눈 지그시 감고
담배를 피웠다
내 뿜는 연기 속에서
지난날들이 피어올랐다

처음 내 뿜는 연기 속에서는
물장구치며 놀던 개구쟁이 모습이

두 번째는
학교 다니던 정다운 길

세 번째는
냉혹한 삶 허덕이던 날들

다음에는
거울 속에 비친 초라한 모습

담배 연기 속에서 나는 지금
추억을 만나고 있는 것이다.

황혼

생명의 끝자락에서
낯선 죄를 만나게 되었다

겹쳐진 혀도
말을 발견하지 못하고
변명의 이부사리도
뒤집어쓰지 못한 채
나의 생명은
서산을 물들였다

서로의 만남이
죄를 만들어
칼이 되었다는 것을
가슴 속 깊이 묻고
흙이 되어가는 요즘

이제 달라져야 하는데
피차 낯선 사람으로
무거운 죄를
가슴속에 가둔 채 가려하니
상여 소리꾼의 요령소리만 들려온다.

두 시간의 형벌

동원병원
콘크리트 철장 안에
사지 묶인 채 암혹 속 두 시간
피울 수 없는 담배 피우다 받는
형벌이다

냉혹한 삶
살기위해 허덕이다
늙어버린 생이
너무나 아파
담배를 더욱 사랑한 죄

사랑하는 너를 통해
나 자신을 엄호하며
아픔을 토해 내고서야
이어가는 삶이었기에
너를 버릴 수는 없다

두 눈 지그시 감고
내뿜는 연기 속에
또 다른 희망을 찾으려고
오늘도 병원 옥상에서
숨 가쁜 연기를 토해낸다.

짝사랑

고운 얼굴을 보여 다오
백 번을 거듭나도
그대 하나 태우지 못해
숨어 우는 뜻
어찌 하리

세속도 어기고
진실도 버리며
사정없이 춥고 사나운
나의 눈먼 이치가
어찌 그대를 원망하랴

매일 죽음 속에서
살아가는 나의 사랑은
그대를 얼룩지게 하지만
어둠에선
어둠만 살 듯
사랑에선
사랑만 살아남으리라

계곡 숲속 샘물처럼
매일 솟는 샘
나더러
어찌 막으란 말이냐.

못 이룰 사랑

그대여
내 한숨 바람 되어
그대 목에 감기어들면
모르는 체 비켜주오

우리의 사랑은
탱자나무 울타리가 있어
오시지도 못하고
가려해도 못 갑니다

몇 천 년을 살아도
그대
나의 기쁨이어서는
아니 되오니

돌을 심어 싹이 나도
못 오실 그대
밤에 달이 되어
내 마음이나 달래주시오

묶이고 엉킨 사연
풀리고 풀어지더라도
나와 그대는 어차피
해바라기 꽃 사랑입니다.

별이 되어

별이 되어
호수같이 맑은
그대 눈망울 속에
숨어 살리라

스스로
찬란한 빛을 내
멋 부리기보다는 은은함으로
그대 마음속에 젖어 사는
그리움의 별이 되리라

소박함으로
요란함보다는 고요함으로
나 그렇게 그대 가슴에
밝게 빛나는 별이 되리라

성전에서 그대가
눈 감고 기도할 때
주님의 길을 인도하는
반짝이는 별이 되리라

우리 행복을 위하여
영원히 반짝이는
그대만을 위한 별 되리다.

내 마음

그대 마음을 열어
내 마음을
적시어 주오

만남의
또 다른 의미가
나를 울게 해도
밤마다
내 가슴을 건너는
그대

어제는 쓰러지고
오늘은 일어서는
삶의 골짜기 깊기만 한데
차라리
넋이 되어
그대를 따르고 싶은
이 마음 어이하리.

2부

파도와 바위

파도와 바위

파도가 바위를 잡아먹을 듯 덤벼들면
나의 영혼마저 흔들어놓아
난폭한 생동감이
심장을 터트릴 것만 같다

얼마나 한이 많았을까
쉴 새 없이 깨물고 덤벼드는 파도
몰아쳐 오는 너를 보면
뻗어오는 욕망이 무섭다

넓은 바다를 바라보노라면
시리고 찌든 가슴을 씻어
시름마저 잊게 해주지만
때로 네가 무섭기도 하다

바다는 저항하며 소리치고
파도는 크게 입을 벌려 덤벼드는데도
낭만적으로 바라보이는 것은 무슨 이유일까
파도와 바위는 대답이 없네.

구계등 바닷길

야산 언덕 넘어
구계등 바다
산 밑 오솔길
하늘과 바다

그 사이로 저녁노을
환상의 국립공원
하늘의 영광
바다의 신비

누군들 경배하지 않으리
새알 공룡 알 품은 돌길
잠시 걸어도
영광 가득한 길

새벽 닭 울면
흰둥이 개 앞세워
희망 찾아 걷는 고마운 길.

솔밭민박 사장님

낮에 빛나는 해
밤에 빛나는 달
솔밭민박 사장님은
언제나 빛나는 인생의 스승

노송 같은 믿음으로
깊이 뿌리 내린
솔밭민박 사장님

오고 가는 이들을
주름 진 미소로 반기며
친절한 등대처럼
아름다운 빛을 비추신다.

갯마을

- 완도에서

바닷가 사람들은
짠 물에도 정이 든다
대바늘 그물코 꿰어
만선 꿈 둘러메면
갈치 떼 은빛 비늘에
벌써 해는 다고 있다

그늘만 딛고 살아온
아낙마저 콩밭에 가고
잊고 사는 가난에도
볕이 드는 칠월인데
울밑에 정적을 묻고
호박순만 자란다

초가집 마당에
돗자리 깔고 앉으면
두어 폭 갯바람은
부챗살에 묻어나고
자리회 살진 국물엔
된장 맛 익고 있다.

공포

칠십 평생 살아온 것 다 버리고
노숙자 되더라도 할 수 없다 하며
보따리 하나 들고 설날 집을 나섰다
선뜩한 수많은 상상 속에
공포심과 두려움은 한기를 몰고 와
매서운 추위에 매를 때렸다
스스로 만든 올가미
보이지 않는 암흑 속에
아무것도 분간할 수 없는 고통 속
공포심도 커졌다
내가 나의 심장에 못을 박고
고통스런 숨을 죽이며
헤매고 헤매도
삶의 고리는 오늘도 잡히지 않았다
벼랑 끝에 몰려
마음의 문고리는 잡히지 않고
무속인의 손짓처럼
허우적거리는 하루하루
오늘도 해는 석양을 넘는다.

낙엽 단상

국립공원 구계등 바닷가
느티나무 밑
푸른 그늘에
쉬려 했는데

어느새
바람 불고 눈 내리더니
무성했던 나뭇잎
간 곳 없어라

삶이란
이런 건가
쉬고 싶어도
편히 쉴 수가 없다

가라고 소리치는 파도소리
바다만 바라보며
뒷걸음으로
도망쳐야만 했다.

콩 사랑 부부

순두부 부인과
두부 닮은 사장님
부부 사랑 가득 담아
오늘도 새벽 문 열어
두부 노래 부르면서
건강 사랑 행복의 두부
혼신 바쳐 만들고 있다

두부 노래

두부 먹세
두부 먹세
가마 솥에
펄펄 끓인
콩젖 물에
슬쩍 슬쩍
간수 치어
뭉게 뭉게
솟아 나니
구름 같은
두부 먹세
두부 먹세

이가 없는 아이 노인
슬슬 먹는 순두부
속살 같은 연두부
쑥 들어간 쑥두부
검은 콩에 서리두부
어른 주면 장수 두부
서방주면 힘센 두부
나 먹으면 사랑 두부
싸서 먹세 보쌈 두부
두부 없다 투정 말고
에라 먹세 비지탕
끓여 먹세 콩비지

* 설날, 완도 군민에게 건강 넘겨주시려는 두 분의 아름다운 사랑의 향기가 가득하여 이 시를 드립니다.

민들레

민들레 씨
멀리 날아가
보도블록 틈에 끼어
새 뿌리 새싹 돋아
인간의 발에 밟히며 사네

너를 보며
보도블록에 쭈그리고 앉아
사람에게 밟힌 나의
아픈 마음 서러워
달 보며 눈물 흘리고 있다

너무 멀리
땅 끝 마을
서울에서 완도까지
멀리 멀리 왔건만
삶의 아픔은 너와 내가 같구나.

포구

빈 배 머문 포구에
노을 베고 누운 하루
사공이 남긴 외길
밀물이 먹어들면
갯벌에 닻 내려놓고
섬을 향해 눈 감은 배

비바리 갈옷 적삼
뉘 볼라 설익은 속살
등에 밴 소금일랑
그냥 지고 가더라도
남겨둔 유자 꽃망울
밤새 살며시 피었다

배 떠난 삶이 둘레
바람만 서성이고
솔잎에 잘린 낮달
시름시름 앓던 그 날도
섬 기슭 노송 아래
나그네 바다만 바라보고 있다.

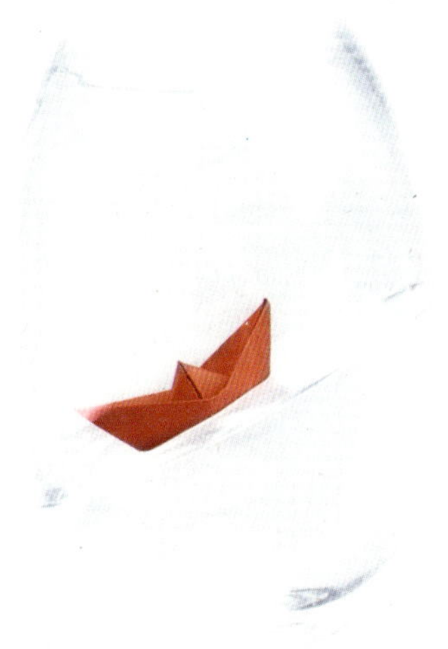

목련꽃

가지에 앉아 핀 꽃
별보다 더 곱다

잎도 나오기 전
먼저 왔다 바로 죽어가는 꽃

봄날의 찬란함도
슬픔이더라

무엇이 그리워
급히 왔다 빨리 떠나가느냐.

새야 새야

새야 새야
날아가는 새야
노을 퍼지는
하늘 저으며
어딜 가느냐

임이 보고 싶다
어서 오라 하드냐
어미가 해 지기 전에
어서 오라 하드냐

새야 새야
날아가는 새야
가던 하늘 되돌아
어딜 가느냐

고향에
두고 온 처자식 그리워
사랑 찾아
울며 울며 날아가느냐.

만추 갈대꽃

푸른 하늘엔 하얀 구름
바닷가엔 갈꽃 물결
청아한 바다 하얀 포말
빛나는 은가루 휘날린다

떠나는 이의 손짓인가
오라는 손짓인가
휘날리는 하얀 몸짓
소리치며 허우적거리는데

갈 곳 모르는 나그네
바닷가에 혼자 앉아
애절하고 시린 마음
갈대를 보며 아픈 마음 달랬다

바람 따라 가는 물결을
따라가려
망연히 바라보며
가는 세월 등에 업는다.

할미꽃

봄 향기 머리에 이고
수줍게 쪽머리 얹고
발그레 연지 곤지 찍고

초롱불 첫날밤
문풍지 구멍 뚫이
사랑 훔쳐보는 것을
마냥 수줍어한 지
칠십 년 세월이 흘러버린
할미꽃 민박 사장님

세모시 옥색치마 비녀 꽂고
앞가르마 동백기름
정갈한 몸 단정한 그 모습

오늘밤 나는
할머니 옛 모습 그리며
외롭게 홀로 잠이 들었다.

싸리골 청국장

기름진 땅보다 메마른 땅
사랑을 심은 정성보다
홀대 받아야
알알이 영그는 나

긴 여름 노래 끝에
이제 알몸으로 나온 나
옥수로 목욕시켜
거북잔등 가마솥에
참나무 불질하네

정해진 운명에 밤낮 삼일
미루나무처럼 긴
아픔과 고독을 견뎌
끈적이는 청국장이 되네

이제 싸리골 청국장 집에서
인삼 녹용보다 더 큰
건강 사랑 소망 행복의 꽃이 되어
당신께 마지막 알뜰히 바치리라

언제라도
당신이 나를 다시 부를 때
램프처럼 환한 당신가슴에
아픔을 아픔이라 하지 않게
당신 안에 영원히 잠들렵니다.

함박눈

낙엽은 지고
깊어만 가는 계절에
함박눈은 내리고

인생 또한 저물어
잠 못 이루는 밤
창 밖 노송에 눈만 쌓이는데

지금 누군가
올 것만 같은 기다림
아무도 아니 오시네

눈 맞으며 밤새도록
걷고 싶은 길
아픔만 자라고 있구나.

달과 해

달은 청아하고
해는 빛나니
주님이 만들어주신
그대와 나의 것

그대는
고요히 빛나고
나는
해처럼 밝아서

조금의 불만 없이
사랑을 익혀가며
오늘도 기쁜 하루
구름 안에 살아가네.

3부

그대는 내 사랑

꽃으로 피게 하소서

아름다운 부부의
알뜰히 가꾼 사랑
꽃으로
피어나게 하소서

남편의 사랑은
붉은 장미꽃으로
아내의 사랑은
백장미로

남편은
든든한 뿌리로
아내는
아름다운 꽃으로

부부의 사랑이 피워낸 꽃
먼 훗날 까지 살아
죽어도 죽지 않도록
영원히 지지 않게 하소서.

꽃 파는 앵무새

- 늘봄꽃집 사장님께 드리는 시

어린 시절
무지개 타고 건너가
솜 송이구름 속에서 꿈꾸며 살던
상큼한 예쁜 소녀가
꽃 파는 앵무새가 되었네

낙숫물 닮은 여인의 목소리는
진주알 물방울 되어 노래하고
얼굴 가득 백합꽃 고운 자태는
화원 안에 향기로 가득하여
푸근한 사랑 전해주네

사장님의 향기는
행복 사랑 건강의 꽃으로 피니
단골손님
밀물 따라 썰물 따라
가득 넘치네

오늘도 꽃 파는 앵무새
백합 한 송이로 곱게 피었네.

감나무와 할머니

바닷가 국립공원 민박집 할머니
품안에 머무는 감나무
둘은 같은 운명으로 살고 있다

여름 내내 파란 이불 덮어
알게 모르게 어여삐 키워놓으니
다들 어디론가 떠나가고
앙상한 가지만 남아
매서운 추위에 떨고 서있다

자식들 키우느라 늘어진 팔 다리
오남매 시집 장가보냈더니
소식도 없어

할미꽃 피는 봄이 오면
감나무는 또 다른 희망을 기다리지만
구십이 된 할머니는
떠나버린 자식 걱정에 길고긴 겨울
감나무와 쓸쓸히 밤을 지새운다.

목걸이

당신의 목에
작은 목걸이
나비되어 앉았다

신비를 품은
두 봉우리 사이로
잔잔히 일렁이는
파도가 보였다

조각배라도 만들어
외로운 섬을 지나
숲과 계곡이 있는
그곳에 가서
아무도 모르게
장미 한 그루 심고 싶다

오늘도
가고픈 마음 간절해
당신의 목걸이만
바라만 보고 있다.

사랑의 씨앗

예쁜 꽃 가슴에 안은
당신의 모습
가을 하늘 솜구름 되어 흐르는 당신
꽃 보다 더 아름다운 꽃
청록하늘 구름 되어 흘러가버리네

당신을 사랑하는 임은
당신을 찾아다니다 지칠 대로 지쳐
밤바다 파도 되어 울며
하얗게 부서지는 포말로
물거품 되어 그만 사라져 버리네

향기 가득한 꽃 당신
마음속에 심어
싹 트고 꽃 피면
사랑으로 돌보며 영원히 함께 살고 싶네.

백합꽃 한 송이

거북 잔등 돌기와집 안에
향기 가득한
백합 꽃 한 송이
아름답게 피었습니다

많은 세월 흘렀어도
알알이 가슴속에 품은 사랑
남편에게
자식에게 알뜰히 넘겨주십니다

늘 더 많이 주려는 사랑
가슴 속에만 묻어두고
더 배려하지 못하는 마음
둥지 안에 꽃향기로 넘칩니다

예쁜 백합 꽃 당신의 사랑
예쁜 화분에 심어
방 안에 놓아
밤이면 싹이 트고 낮이면 꽃으로 피소서

당신의 사랑
죽어도 죽지 않은 영혼이 되어
먼 훗날 까지
영원히 백합꽃으로 남으소서.

환상(幻想)의 꽃

힘들어 하지마세요
사랑의 손으로
아름다운 환상의 꽃을 피워드립니다

머리 곱디곱게 꾸미고
마음속에 장미꽃 심으시고
지금 바로 그 사람에게 가세요

당신을 아프게 했던 사람
당신을 힘들게 했던 사람
당신의 눈물
당신의 아픔
당신의 외로움
당신의 사랑
당신의 불안까지도 감당하시는 이

당신을 꼭 안아주십니다
힘들어하지 마세요.

나누어 가지는 향기

나의 기쁨은
날마다 새로 만들어
걸고 다니는 목걸이

누가 눈여겨보지 않아도
소중히 간직 하였다가
누군가가 달라고 하면
주저 없이 내어 주고
다시 채워 가는 행복

아름답고 크지 않고
빛이 눈부시지 않아도
베풀고 나누는 일은
또다시 만들어지는 무한의 향기

살아 있는 동안
많이 베풀고 나누려하는 나
값진 나눔은 목걸이 되어
나의 목에서 빛나고 있다.

꽃 없는 꽃병

당신이 그냥
곁에 있어주는 것만으로
나는 행복한 사람이었음을
집 떠나서야 알았다

아침에 눈 뜨고
또 저녁잠 들 때까지
오십여 년 동안
나의 아내가 아기 기르듯
베풀던 사랑을 알았다

꽃병에 꽃이 없는
버려진 꽃병 신세인 나
허무하고 쓸쓸하고 외롭다

오늘도 바닷가를 서성이며
같이 살았던 삶을 생각하며
법관되어 나를 판결한다

징역 십 년
벌금 일 억
집행유예 평생
판결문을 쓰고 있다.

사랑의 꽃

신혼부부
당신은 사랑의 꽃
새 생명 새 싹이
파릇파릇 돋아납니다

눈물겹도록 고운 당신
그것은 사랑의 싹
잎이 자라고
열매 맺히면
세상에 단 하나
가득한 한 다발의 꽃
부부로 피어납니다

꽃 피면
그윽한 향기
임 품에 묻어주고
열매 맺으면
침대 위에 놓아주시구려
밤낮으로
사랑이 익어가도록.

사랑의 향기

가슴 가득히 품은 사랑
고이 간직하였다가
살며시 부는 봄바람에
향기로 날려 보냈네

그 향기
나의 가슴에 파고들어
사랑 가득 채워두었다가
입술에서 꽃으로 피었네

입술에 핀 향기
가슴 깊은 곳에서
촛불 되어
밤이 새도록 눈물로 흘렀네

새벽 닭 우는 소리에
향기로 그윽이 피어난
한 송이 들국화에서
당신의 얼굴을 보았네.

아내

- 아내 김일례 여사에게 바치는 시

하늘 푸르러
구름 한 점 없이
맑다 싶으면
소낙비 느닷없이 퍼붓고
또 어느 땐
조용히 눈이 내리다가도
우박도 쏟아 부으며
삼백 예순 날
어느 하루도 쉼이 없지만

제 몸 열어
고스란히 품어 안은 땅 같은 당신
사랑하는 나의 아내

우리는 하나로 흙이 되어
영원무궁하리라.

우리는 창대한 숲이다

뚝 떨어진 거친 벌판에서
혼돈의 머리로 허둥허둥
지난하게 홀로 걸어온 세월

언 가슴으로 시절 이기며
듣든한 나무로 살고자
포실한 땅을 만나 뿌리를 내렸고
두 그루 나무를 겨드랑이 아래 심었다

아내의 땅에서 나는 고목이 되고
푸른 나무로 후손은 자라나
창대한 숲 함께 이루리니
이것은 우리 가족의 밝은 미래

오오 나 한 그루 나무되어
꿈결 같은 세상을 살다 가노니
여한 없음이라.

사랑의 집짓기

내 님은 누구일까
당신을 향한 내 사랑은
명주실 토해 집을 지으며
집 속에서 홀로 기다리는
나방이 되었습니다

한 겨울 내내
오직 당신만 기다리며
당신이 나를 찾으실 때까지
환상의 그림을
그리고 있습니다

작은 둥지 속
당신을 향한 사랑
외로운 아픔 속에서도
기다림으로 남아있기에
너무나도 행복합니다.

색연필

삶의 정열 숙어지는 시간
목화 꽃 시인이 용기 내라며
색연필 한 다스
선물로 건네주었다

시인이 선물한 깊은 사랑에도
오색 그림은 그려보지도 못하고
수년간 서랍 속에
색연필을 잠재워 두었다

남쪽 바다 섬에서 섬으로
삶을 묻어 버렸다가
오랫동안 절제하여 접어두었던
새로운 삶이 내게로 오니

아름다운 색깔로 세상을
다시 그리고 싶어졌다
시인의 고마움 되새기는 나
조심조심 색연필을 깎고 있다.

아픔을 함께하며

완도 양지의원
환자의 아픔을
우리의 아픔이라고
천사의 가슴속 애절한 마음
아픔을 낫게 하려는
당신 사랑의 기도가
강한 나의 의지가 되고

고통을 기쁨으로
절망을 희망으로
불행을 행복으로 바꾸려는
당신의 애절한 간구의 목소리
내 가슴에 파고들어
아픔의 고통을 몰아내
새 희망의 삶이
태양처럼 돋아난 지금

울고 싶도록 행복합니다
천사 중에 천사
당신의 사랑을
죽음이 나를 부를 때까지
고이고이 간직하여
아름다운 장미꽃 피는 삶으로
영원 영원히 살렵니다.

너와 나 · 1

너는
두꺼비 명찰 단 소주
너를 만나면
가슴속 짜릿한 맛을 지나
봉숭아꽃 얼굴로
너를 사랑하게 된다

너를 처음 만났을 때
라일락 꽃잎 씹듯이
쓰디쓴 너였는데
세월이 흐르면서
너를 버리지 못함이
단지 유혹 때문일까

네가
나의 입술에 입 맞추고
지나가면
슬픈 때는 눈물이
괴로울 때는 울음이
외로울 때는 사랑이 찾아와
너만 부르게 되었구나

아
너를 모질게 깨버렸다면
오늘
차가운 콘크리트 정신병원
철창에 기대어
너를 미워하지 않을 텐데

이제는
너와 나 이별의 순간
사시사철 꽃이 되어
나를 유혹 한다 해도
이제는 영영 헤어지련다

세월이 흘러
산속 잔디 이불 쓰고
무덤 속 누웠을 때
누군가
너를 만나게 해 줄때까지
나는 너를 버릴 것이다
아 너를 꼭 버릴 것이다.

너와 나 · 2

너와 나
쌍둥이 자매

너는 서울 사는 박씨 집으로 시집가
귀한 백합꽃이 되었고
나는 싸릿골 장씨 집으로 와
순한 호박꽃이 되어
고생고생 살았구나

너와 나 꼭 같았지만
태풍 같은 인생사 겪으며
어느덧 나이 칠십이 되었구나

그래도 이제
등 굽지 않고 배 나오지 않은
건강한 서방님이 곁에 있으니
행복 가득하지 않겠는가

금년 추석날 다정하게
너는 약과 산자 사들고
나는 밤 대추 따서
포천 싸릿골에 묻히신
아버지 어머니
성묘나 꼭 가세나.

너와 나 · 3

너는 꽃이 되렴
나는 향기가 될 테니
너는 별이 되렴
나는 빛이 될 테니

꽃과 향기 그리고 별빛
영원할 너와 나의 사랑

내가 사랑한 너
물방울 안개 되렴
네가 사랑한 나
아름다운 무지개가 될 테니

내가 사랑한 너
포도주가 되렴
네가 사랑한 나
취하여 노래 부르리

계절 지나면 지는 꽃
날 밝으면 지는 별
향기와 빛을 잃는다 해도
다시 필 꽃과
다시 올 별을 기다린다.

너와 나 · 4

집 떠나 살던 나
고향에 돌아왔어도
어느 땐 칼로 자르듯 내치고
뛰 뜰 담으로나 두르고
멸시로 시멘트 섞어 버무리듯 하고
때로는 깊이 파고 정화조 묻듯
꼼짝달싹 못하게 하는데

그래도
나는 고향이 좋아
포천 뒷동산에 들어와 산다네

바람 같은 삶
돌과 같은 무딘 인생사

고향사람아
나도 칡넝쿨처럼 살고 싶다
너와 나의 생각이 다정히 얽혀
우리의 뿌리가 튼실해지면 좋겠다
자색 칡꽃 아린 마음으로 피우며
한 시절 잘 살아낸다면

먼 훗날
한 줌 흙으로 돌아가
영원한 고향 지킬 수 있지 않겠는가.

너와 나 · 5

너
광릉 숲속 옹달샘
조약돌 목욕시키고
목마른 풀벌레 키우며 흐르고
아름다운 사랑은
호수가 되어
별이 빛나는 달빛무대가 되고
삶이 깊어지는 밤이면
산속 가득 울리는
교향곡이 되어
잔잔히 노래하고

나
반딧불 되어
영원히 그치지 않은
먹거리 사랑 찾아
헤매다 지쳐
아픈 마음으로
이슬방울 눈물을 만들다
숲속 풀잎 속에 숨어
오늘 밤에도
외롭게 잠이 든다.

나의 기도

- 2010년 11월 아내가 오던 날

삶을 다 버리고
내가
나를 버리고
민들레 홀씨가 되어
땅 끝 섬 완도
바다가 돌 틈에 싹이 터
새로운 삶을 이어갑니다

애오라지 숨결에도
상큼한 산딸기도 따 먹고
때로는 찔레나무 가시에 찔려
아픔과 슬픔도 먹으면서
스스로 행복해지는 법을
허리 굽은 아내와 함께
배워가며 살아가고 있습니다

삶의 매서운 추위와
무서운 폭풍 속에서도
저물어가는 마지막 삶
아름답고 곱게 살아가렵니다
주여
도와주십시오.

숨은 사랑

우리 서로 섞여서
울리어 보자

일그러진 마음일랑 버리고
울릴 듯 울릴 듯한
징이나 되어서
마음껏 그대나 그리워하자

그대 보려는 발돋움으로
돌이 되어도
용솟음으로 엉클어지는
숨결이 되자

시작도 끝도 없이
천역 살러 온 그대

헤어지기도 하고
만나기도 하면서
끝까지
이렇게 가보자.

얄미운 사랑

나를 아껴주시는 그대
보고 싶은 생각에
조용히 눈물이 납니다

신기루인 줄 알면서도
밤이 새도록
사막을 허우적거리다 지쳐
유언도 없이 죽어갑니다

눈이 내리면
눈발에 섞여
비가 오면 빗속에서

손잡고 걷다가
구름 이불 덮고
잠자다 꿈을 깨면
또 아련한 눈물이 흐릅니다

얄미운 사랑
그대의 오해입니다
제발 나를 용서해주세요.

코스모스 사랑

그대에게 가지 않음은
만남이 싫어서가 아니라
떠남이
서글퍼지기 때문이요

나의 애절함을
모르는 채 감춰야 하는 마음
버릴 수도 없고 가질 수도 없는
사랑의 화염 때문입니다

곁에 있는 즐거움도 행복이지만
헤어져야 하는 아픔
그리워하는 기다림이 더 크기에
길섶의 코스모스
바람에 흔들리고 서있습니다

첫 약속

처음 약속은
메아리 되어
사라져버리고

메아리는
뒤도 돌아보지 않고
가버렸고

마음속 깊이
자리 잡은 사랑만
허공 맴돌다 사라지는데

또 다른 아픔들에
삶을 기댄 나
밤 지새며 울고 있다.

4부

사랑하는 성도님께

나는 하나님과 이야기한 일이 없다

나는 하나님과 이야기한 일이 없다
천국에 가본 적도 없다
그러나
그곳을 확실히 알고 있다
하나님의 나라
천국의 그 장소
영원히 살 수 있는 천국
그곳으로 매일 가까이 가고 있다

나는 성도님 가슴 헤치고
마음을 보지 못했으나
그러나
나를 사랑해주시는 하나님
당신의 가슴속에
새로운 둥지를 틀고
두 손 모아 기도를 드린다
주님의 사랑이 가득하기를.

향기로운 기도

매일 하는 말에
향기로운 여운을 남기게 하소서

상대방의 입장을 헤아리는
사랑의 말을 하게하시고
남의 나쁜 점보다는 좋은 점을 먼저 보는
긍정적인 말을 하게 하소서

매일 정성껏 물을 주어
한 포기의 난초를 가꾸듯
침묵과 기도의 샘에서 길어 올린
지혜의 맑은 물로
우리의 말씨를 가다듬게 하소서

겸손의 그윽한 향기
그 안에 스며들게 하소서.

나는 하나님을 모른다

하나님도 예수님도
나는 모른다
예수님의 성지에도
가본 적이 없다

그러나
완도 바다 위 높은 산에
우뚝 서 있는
안디옥교회 성전에 들어서면
하나님도 보이고
예수님이 나를 인도하신다

그래서 지금
나는 살아가고 있다
칠십 평생 꽁꽁 얼었던 가슴이 녹아
새로운 샘물이 되어
흐르고 있다

새로운 세상을 만들고
새 삶을 만들며
흘러가고 있다
나 이제야
밝고 아름다운 삶을 살며
주님을 만나고 있다.

사랑한다는 것은

사랑한다는 것은
세찬 겨울바람을 견디는
작은 목련꽃 봉우리

사랑한다는 것은
몹시 아파 누워있는 환자의 눈을
바라보는 애절한 마음

사랑한다는 것은
산과 숲과 길의 눈안개
포근히 내려앉은 함박눈

사랑한다는 것은
땅 끝 완도 앞바다 불타는 낙조 불꽃
하늘과 검붉은 파도와의 장엄한 합창

사랑한다는 것은
찬송 울려 퍼지는 안디옥교회 성전에
성도님들의 하얀 가슴속 사랑

사랑 한다는 것은
목사님 설교 따라
용서하여주는 천사된 성도님 마음.

성도님의 사랑

오늘 예배드리는 날
그대가 아프다 하면
내 마음도 아픈 촛불 되어
눈물로 흐릅니다

하얀 안개꽃 한 아름 가지고
달려 가고파도 눈시울 젖어
가는 길 보이지 아니하는 나는
가려해도 못가는 한 마리 새가 됩니다

그대와 내가 머물데 없어도
주일이면 성전에서 다시 만나
주님이 주시는 성도의 사랑으로
어둠에서 밝음으로 다시 만나야 할 텐데

주님께 기도하면
보름달 차오르듯 행복은 다시 오나니

오 주여
우리 교회 성도님들이
성전에 못 나온다는 소식만은
아니 들리게 하소서 아니 들리게 하옵소서.

성도님의 손

기다리던 주일이 오면
나의 손을 꼭 잡아 주는 그대여
그 순간 나는
행복한 눈물이 나려합니다
손을 잡았을 때
손을 놓기 싫은 이 마음
주님이 주시는 사랑이
바로 당신입니다
그대가 바로 사랑하는 성도이고
사랑하여야 할 우리라서
손을 꼭 잡고 있습니다
우리의 사랑은
주일마다 싹이 트고 꽃이 피어
교회 안에 사랑의 향기
행복으로 넘쳐흐릅니다
예배를 끝내고 식사 후
충만함 속에서 느끼는 평안
돌아올 주일날을 또 기다리며
헤어져야만 하는 아쉬움에
아련한 마음
눈물이 나려고 합니다

다음 주일날도 꼭 오셔서
나의 손을 꼭 잡아주소서 잡아주소서.

씨앗

엄마가 날 낳기 전
나는 무엇이었을까
숲속에 숨어 핀 작은 들꽃이었을까
아니면
완도 어느 섬 절벽에 둥지를 틀고
홀로 살아가는 작은 바다새였을까

아니면
하나님이 엄마에게 심어준
아무도 모르는
씨앗이었을까

인생의 답을 모르는 나는 지금
완도 안디옥교회에서
예수님의 피와 살을 먹고 산다

하나님과 엄마의 사랑을 품은
작은 씨앗이었을 것이라 생각하며
어린 아이로 돌아가
하늘나라 찾아가는
꿈꾸며 잠이 든다.

장미꽃 사랑

완도 안디옥교회
새로이 둥지지어 살고 있는 성도님은

하나님의 섭리(攝理) 속에
새로 지은 둥지에서
죽어도 죽지 않은 영혼으로
장미꽃 되어 피어납니다

아름다운 부부 사랑
아내는 꽃으로 피고
남편은 알찬 뿌리가 되어
세상 하나뿐인 꽃으로 핍니다

영원한 사랑
곱고 아름다운 영혼의 장미꽃은
별이 되어

오늘도
안디옥교회 지붕 위
밤하늘에서 반짝이고 있습니다.

천당 가는 길

아름다운 교회
목사님 설교 말씀
성전에 가득하다
나의 가슴 헤치며
하나님의 씨를 심어주신다

하늘을 나는 새는
새를 낳고
땅을 기어가는 소는
소를 낳는데
나 죽으면 무엇을 낳을까

죄 지은 자 죄를 낳아
유황 불 속 지옥으로 가고
예수님 믿지 아니한 자
불신 지옥으로 갈 것
천국으로 가려고 하나님이 주신 씨를 키운다

하나님이 주신 씨
싹이 트고 잎이 자라 꽃이 피면
하나님의 자손
영원히 죽지 않은 천국에서
영원히 행복하리

오늘도 목사님은
하나님의 씨를
심어 주시느라
하나님의 말씀
목이 터지도록 소리친다.

하나님의 전당

하나님의 전당
주동행교회
황홀한 찬양이
성도님 가슴속 깊이
예수님의 사랑과 함께
가득 넘치네

찬양 따라
목사님 말씀 주시네
예수님 오시어
영원히 죽지 않을
새 생명을 우리 모두에게
알뜰히 전해주시네

이를 알고 있는 자만이
이를 듣는 자만이
파란 하늘나라
솜 송이 뭉게구름타고 올라
하나님과
영원히 영원히 살리라

오는 주일날
죽음이 나를 부를지라도
아
나는 꼭 가리라
당신들이 계신 교회
당신 가슴 속에 함께 살리라
함께 살리라.

성도는 한 가족

피와 살
그리고
십자가 사슬에 꿰여
오늘도 간다

우리 성도는
한 가족이라 같이 간다
가는 목적과
삶의 길이 다르고
서로 싸우다 가슴에 멍이 들어도

서로 서로 고리가 되어
얽히고설켜
날이 가고 해가 갈수록
더욱 더 단단한 하나가 된다

먼 훗날
천국에 까지도
삶의 고리가 되니
서로 한 가족이 되라하신다

하나님 말씀
예수님 말씀
목사님께서
애절하게 간구하여
나의 가슴속에 심었다.

만전의 가호를

저희의 기원은
생명의 안전이나이다
매순간의 위험을 막아내며
숙연히 새 인격을 기르는 저희의 바람은
오직 태어나 그대로의 아름다운 심신이고져
사랑하고 일하는 충실한 나날이 되었으면 합니다
곱고 고운 꽃과 같은 생명 부디 살피소서
살랑거리는 바람결에 사라지는 꽃과 향기의 운명
그 영혼이 우리가 아니기를 바랍니다
존엄 유구하신 전능의 어른이시여
명예보다 심각한 피땀의 긍지를 바치며 비오니
저의 몸에 기필코
만전의 가호를 옷 입혀 주소서
주 동행교회 늘 사랑하는 권사님이
하루의 일상에 몰려
큰 교통사고로 병원에 입원 하였으나
주님의 뜻대로 작은 상처라서
방문하는 이 모두가 웃음으로 화답하는
사랑만이 더 샘솟는 우리가 되게 하여주신 은혜
감사하고 감사드립니다
오 주님

우리는 오직 주님의 뜻대로만 살겠으니
생명을 소중하게 하는
주님의 새로운 옷을 입혀주소서 입혀주소서

살아간다는 것은

하나님이 창조하신 세상도
높은 곳에서 내려다보면
곧게 흐르는 강은 없으니

때로는 허덕이는 가뭄을 이기지 못해
쨍쨍한 목마름도 다가오고
쏟아지는 폭우로 제 능력으로 해결하기엔 너무 버거워
황토 물 콸콸 토하기도 하며

뛰는 개구리와 쫒는 뱀 사이처럼
절대 절명한 공간 속에서 사는 우리
눈물도 사치스러워 슬픔마저 묻어둔 채
살아온 아슬함이 살아갈수록 두려움 일지라도

모진 풍파 말없이 안고 한세월 흐르다보니
속절없이 가버려 늙어버린 인생이지만
하나님의 은총으로 행복하게 살아갑니다

나의 삶을 주님께 맡기고
모든 것의 좋은 면만 바라보면
평안은 가슴속에서 샘솟고
행복은 사랑으로 변하여 아름다운 삶이 됩니다

오늘은 주일 성전에 기도하니 우리에게 봄이 와
잎이 싹트기도 전에 꽃이 피어납니다
목련은 순백으로 개나리 노란꽃 진달래 연분홍으로
우리가 되어 곱게 웃으며 피어나고 있습니다

오 주님
아름다운 꽃이 사시사철
천국처럼 피어나게 하소서 피어나게 하소서.

성도님들이여

우리교회 성도님들이여
복음의 은혜 넘치는 우리 교회에
예수 사랑 좋아서 모인 우리
성도들 간에 믿음 소망 사랑 전하며
하늘 뜻 널리널리 일깨워
삶의 밑거름으로 살아가자 하네
모임 기도소리 눈물의 간구가
원망하고 미워하는 그대를
사랑하여야만 할 가슴 아픔이여
예수 십자가상의 수모로 견디며
용서하고 사랑하며 살자하네
따뜻한 가슴으로 안아
주님의 크신 사랑 그 광대하심
주님의 공의로움 그 인자하심
주님의 진실하신 그 영원하심을
가슴속 깊이 심고 살아가라하시네
영원하신 하나님께 영광영광 드리며
우리 성도 간에 영혼 밝힐
주동행교회 성도님이시여

사랑하고 존경하며 살아가라하네
자신의 오해와 잘못된 생각에
오늘도 예배에 참석 못한 그대여
모든 아픔은 주님께 맡기고
후회의 눈물 흘려 아픔 마음 씻어내며
편안히 아름답게 살라하네 살라하시네.

신의 아들

신의 아들이신 분이 아버지께 비셨다
죽음의 잔을 거두어주소서
하오나 제 뜻보다
아버지의 뜻대로 하옵소서
신의 아들 그 분도
사람 사는 세상에서 오래 살고 싶으셨으나
십자가에 죽으시고
부활은 비록 이루었으되
연민의 사랑 사나이였다
이천년 전 보혈을 흘리심으로
사람들의 고통과 울음을 대신하여
당신은 만민의 구세주가 되셨지만
외롭고 아픈 삶을 가슴속에 가둔 채
서른세 살 젊은 남자의 모습으로
부부의 연도 다 접으시고
만백성을 사랑 하시려고
건강한 외로움 가슴에 품은 채
하나님께로 가셨다
우리는 이제라도
사랑 한번 받지도 못하고 가신
예수님을 사랑하고 결혼하여

천국에서 다시 만날 때까지
존경하고 사랑하여야만 한다
사랑합니다 사랑합니다.

추수감사절

추수를 감사함은
예수님의 붉은 보혈로
하나님이 주신 양식
왕이신 하나님 은총
추수감사절 날로 만든 것은
주의 백성들이 세상에 살면서
의식주를 번민하지 않도록
하나님이 주신 양식 감사의 축복일

우리 성도님
배부르게 주일마다 주는 음식
건강한 마음 가득 담아 성전에 뿌려
성전에 나올 때는 기쁜 마음으로 나오라고 하는 것을
추수감사절 날 교회 문지방만 넘어도
하나님의 축복이 쏟아져 복을 주는 것을
많은 백성에게 전도하여
늘 성전에 성도님이 가득하도록 하라는 것을
이웃에 배고프고 죄 지은 자
육신이 쇠약해져 병든 자
주님께 고백하는 믿음의 승리자가 되게
왕이신 하나님께 구원받게 하여야 함을

추수감사절은
하나님의 선물이라는 목사님의 설교
우리는 알고 있는가
우리는 감사하고 있는가

나는 이날을
늦게나마 알게 되어 감사해하며
모르고 살던 지나간 날들 아쉬움에
가슴이 쓰리고 아파 울고 있습니다.

겨울에 탄생하신 주님

오늘도 예수님은
눈 덮인 산야를 거닐고 계시네
눈같이 흰 옷 입으시고
눈보다 더욱 하얀 맨발이시네

그 옛날 물 위를 걸으시던
강줄기도 얼어
수정의 빙판 뼈를 깎는 냉기
그 위를 거닐면서
사랑과 행복을 주시네

울고 싶어라
머리칼도 곤두서는
울연한 추위에
물과 바다의 깊은 곳으로부터
보혈로 섞어 빚은
새 봄의 혈액을
한 없이 한없이 올리시는
성탄일의 주님
보혈과 복음을 가지시고
성령이 가득한 교회

우리에게 오셨으니
기뻐하고 또 기뻐하자
오늘
오고 영영 떠나지 않으실
구세주 강림하사
은총의 새싹 꽃 피어나니
많은 축복이 있을 지어다

이제
장로님은 목사님의 그림자 되고
권사 집사님은 성도님의 성체가 되어
우리 다 같이 축복의 찬송 찬송을 부르세.

권사님의 사랑

주동행교회
권사님의 사랑
가을밤 보름달보다 더
밝고 아름답습니다

당신의 달빛 사랑은 성자되어
사랑 하나로 죽으실 때까지
베푸시기만 하는
천사이시구려

감사하여라 아름다워라
예수님의 성체가 되어
넘겨주는 사랑
성도님들 가슴속에 가득합니다

하늘 문 열려 하나님께 갈 때까지
당신을 경배합니다
당신을 사랑합니다
당신은 아름다운 빛입니다

오늘 당신의 몸은
병원에 입원하고 있지만
주동행교회 밤하늘에 뜬 달
아름답게 비치고 있습니다
빛이 나고 있습니다.

나를 깨우소서

나를 흔들어 깨우소서
사랑과 평화의 밭을 일구는 일
비록 힘들고 어려워도
나의 몫으로 받아들이게 하소서

주동행교회 성도가 된 지금
처음부터 다시 시작해야 할 나
참됨과 선함의 아름다운 집을
내가 먼저 짓기 시작하여
더 많은 이웃을 불러 모으게 하소서

우리가 배불리 먹는 동안
세상엔 아직 굶주리는 이웃이 있음과
따뜻한 잠자리에 머무는 동안
추위에 떨며 울고 있는 이들이 있음을
잠시도 잊지 않게 하소서

사랑에 대하여 말하기보다
먼저 사랑을 실천할 수 있고
생명에 대해서 말하기보다
먼저 생명을 존중할 수 있도록
우리 모두를 변화시켜주소서

왕이신 하나님 아버지
내가 할 수 있도록
나를 먼저
흔들어 깨워주소서
예수님의 이름으로 기도합니다.

부활의 새벽

부활하신 새벽
아무도 본 이 없었습니다
이것이 당신의 뜻이라 생각합니다
총총한 별밤에 무덤을 비우고 어슴푸레한 기루만이
핀 갈밭인 양 머물러 있었습니다
이것이 당신의 뜻이라 생각합니다
높으신 고독은 이왕에 다스리던
당신의 그림자였거니 부활의 새벽
고요만이 큰 물 인양 넘쳤습니다
이것도 당신의 뜻이라 생각합니다
죽음을 맞고 슬픔은 쉬고
생명은 저마다 무성하라 하십니다
이것이 당신의 뜻이라 생각합니다
울려드리는 종소리 하나도 없이
그 전날과 꼭 같은 새벽이었거니
우람한 축제 일수록 잠잠하라 하셨습니다
이것도 또한 당신의 뜻으로 믿습니다
주 동행교회 성도님들은
부활하여 도우시고 거둬 주시는
예수님을 사랑하고 존경하여
늘 행복한 감사의 기도를 드립니다

오늘도
이 모든 것 당신의 뜻이라 믿고
교회 성전에서 눈물 적시며 예배드리오니
거둬주십시오 거둬주십시오.

생과 죽음 사이에서

생과 죽음 사이에서 꿈을 꾸었소
흔들리면서 엇갈리면서
꿈과 꿈 사이에서 꿈으로 굳어지고
귀먹고 눈멀어 말을 잃어도
깨어나지 아니하고
주님께 이르기를 원합니다
보다 좋은 꿈속에서
주님 주님을 찾기 위해
미움과 괴로움 다 버리고
아름답고 빛나는 꿈을 키우렵니다

이제
무거운 짐 풀고 마음으로 지은 죄
붉은 눈물로 다 씻으며
헛된 욕망 다 버리고
오직 주님의 사랑만 꿈꾸며
주님과 함께 살다가
주님의 계신 천국으로 가겠나이다

주님
주님과 내 뜻이 같았음을
굳게 믿고 의지하며
오늘도 주동행교회에서
아름다운 죽음으로 가는 길을 찾아
아름다운 꿈을 꾸겠습니다.

성전에 핀 꽃

청록 하늘 뭉게뭉게 핀 조각구름 타고
황금 들판 이삭 일렁이는 바람 따라 오신
성도님의 부부 사랑이
성전에 향기 가득한 사랑의 꽃으로 피었으니

아름답고 감사하여라
당신의 사랑은 교회 성도님들의
희망의 꽃이고 새로운 꿈의 향기가 되니
눈물겨운 행복입니다

오늘도
성전에 나란히 앉아 예배드리는 당신의 영혼은
생명 샘물이 되고 있네요

오 오 주님이시여
우리교회 성도님들은 천사 부부를
사랑하고 존경하여
새로운 교회의 희망으로 삼게 하십시오

시간이 흐른 훗날
부부의 사랑은
주님의 은총 속에
영원한 행복의 꽃으로 아름답게 머물러
은혜 충만하게 될 것입니다.

아침기도

첫 눈 뜸에
주님을 보게 하시고
오늘 할 일들을
이루도록 하여 주소서
아득한 날에
예비하여 가꾸신 은총의 누리
다시금 눈부신 상속으로 주시옵고
젊디젊은 심장으로 시대의 주인으로
사명의 주춧돌을 짐지게 하소서
사소한 일에 싸우고 멀어진 사이
진정한 사랑을 위하여
서로의 아픈 속사정을
기름 부어 포용하게 하여
서로 사랑하게 하소서
생명의 생명인
우리의 영혼 안엔
사철 자라는 과일나무 숲이
무성하게 하시고
제일로 단맛 나는 열매를
날이면 날마다 주님의 음식상에
바치게 하옵소서

오늘도
주님 심장 속에서 사는
일상의 하루가 되게
첫날 첫 기도로 시작합니다.

안식을 위하여

겨울나무 옆에 나도 나무로 서있다
겨울나무 추위 옆에 추위로 서있다
추위를 이기기 위한 물결인 듯
나무 옆에 나란히 서서
그 평안을 숙연히 본받는다
내 아버지는 휴식이 모자라서 세상을 떠났다
여기 있는 내 자식들의 걱정
쉬라고 조르는 당부를 측은히 헤아린다

안식의 정령이여
산자와 죽은 자를
한 품에 안아주십사 비오니
겨울바람의 풍금을
느릿느릿 울려 주십사 비오니

큰 촛불 작은 촛불처럼
겨울나무와 내가 나란히 기도한다
지금은 비록
춥고 옷 벗어 앙상한 나무지만
아버지께 기도하고 기다리면
우리 겨울 동산에도 따뜻한 봄은 와

새 옷 갈아입고 봄바람 따라 노래 부를 것이다
오 주여 지금 아무리 춥고 아파도
주님이 주신 뜻대로 살렵니다
아버지 뜻대로 살렵니다.

하나님이 주신 목숨

하나님이 주신목숨
낮에도 밤에도 줄어들지만
마음으로 삭이면 죽은 나무에도 꽃이 핍니다
서로 서로 늘 사랑하고 존중한다면
하나님이 주신 햇빛 따라 어둠에서 밝음으로
나날이 아름다운 삶으로 행복하게 됩니다

변하는 세상살이
내 마음대로 되어가는 것이 아니기에
주님의 뜻에 맡기고 기도하며 살면
매일 매일 살아가는 길이 보입니다
고통은 평안으로
괴로움은 행복으로
부정하던 것들은 긍정으로 살게 되어
가슴속 마음 안에
아름다운 꽃만 가득 피어납니다

오 주님
주님이 주신 목숨
한 시간이라도 아껴 알뜰히 살면
지금 살아가는 삶이 더욱 아름다워져

천국으로 가는 길이 보입니다
천국으로 갈 때까지 소중한 생명
알뜰히 열심히 살아가겠습니다.

행복한 기도

그대를 긍정적으로 바라보면
긍정으로 기쁨이 오고
그대를 부정적으로 만나보면
부정적으로 생각하게 되어
내 마음이 아프고 괴롭습니다
그대 말 한마디로
가슴에 넘쳐나는 기쁨
그대를 기다리는 사랑에
그리워 그리워 눈물 납니다
그리움의 눈물이 그대 속에서
죽어 흐르는 눈물방울이 아니기를
그대 가슴속에 심어놓고
그대가 무한 행복해지기를
주일날이면 진솔하게 기도를 드립니다
오늘도 예배가 끝나고
그대와 마주앉아 식사할 때
그대가 식사하는 모습만 바라보아도
행복한 나는
주일날만 기다리는 성도가 되었습니다
오 주님
우리 사랑하는 주동행교회 성도는

주일날마다 사랑의 씨를 심어
아름다운 꽃으로 피게 하소서
향기 가득한 꽃으로 피게 하소서.

감사기도

성도님 가슴속에 장미 한 송이
곱고 아름답게 피었습니다

새벽에 내린 이슬
새벽에 솟은 샘물
성수로 정갈하게 단장하고
진솔한 기도를 준비하니
주님의 은혜 받아
구원의 기도가 되었습니다

감사하여라
아름다워라
태어나 사랑만 베푸시고
사랑 하나만으로 죽으실 때까지
성자되어 하늘의 영광 땅의 평화
넘겨주는 천사입니다

새 옷 갈아입는 초가을에 만나
당신이 전도하여 넘겨준 사랑
하늘 문 열려 하나님께 갈 때까지
당신을 존경합니다
감사합니다 사랑합니다.

밤 기도

하루의 고통 속에 짜인 일들
차례로 악수해 보내고
밤 이슥히 돌아오는
내 영혼과 나만의
기도 시간

주님
단지 이 한 마디에
평안하고 행복한 눈물이 납니다

밤 기도는
고통을 평안으로
불행은 행복으로 바꾸는 법
부정을 긍정으로 바꿔주시는 주님
목사님이 가르쳐 주셨습니다

날마다의 끝기도
이 눈물 예비하오니
남은 세월 모든 날도
나는 이렇게만 살아가겠습니다

오오 주님
깊은 밤 끝 순서에
진솔한 기도로
아멘이라 맺으며
양털 두른 듯 따스하게 잠들렵니다.

기도

- 완도 안디옥교회에서의 첫 기도

방랑생활에 깊이 빠져
이웃을 향한
한 가닥의 웃음에도 인색했습니다
용서하십시오
주님 당신이 선물로 주신
영혼의 생명
나의 어리석음으로
버리는 일이 없게 하소서
모든 일상의 어려움
굴복이 극복의 태도로
실망을 용기로
임하게 하소서
나 살아있을 때
한번이라도 따스한 격려의 말과
웃음을 주게 하소서
나 나날이 주님의 뜻 따라
복종하며 살아가는
종이 되게 하소서.

작품해설

거듭되는 실패와 오뚝이처럼 일어섬, 그 사이에 증거된 사랑의 능력

김 순 진(문학평론가 · 고려대 평생교육원 교수)

작품해설

거듭되는 실패와 오뚝이처럼 일어섬, 그 사이에 증거된 사랑의 능력

김 순 진(문학평론가 · 고려대 평생교육원 교수)

장황 시인께서 드디어 시집을 내신다. 그는 2008년 7월 월간 <스토리문학>으로 등단한지 10년이 훌쩍 넘었고, 평생 시집 한 권 내고 싶다는 소망을 가진 지 어언 수십 년, 이제 팔순을 바라보는 연세에 가지는 시집이라 감개가 무량할 것 같다. 경기도 포천에서 태어난 그는 대한민국의 1세대로 실로 파란만장한 삶을 살아왔다. 일제강점기 시대에 태어나 6.25전쟁으로 인한 분단의 고통과 보릿고개의 기아를 겪으며 헤쳐 나와야 했다. 산업화 과정으로부터 폭발적인 성장과 함께 밤낮 없이 일해야 했고, 민주주의 과정을 함께 겪으며 가슴앓이를 해야 했다. 그리고 산업화에서 개인의 행복을 추구하는 과정으로 넘어오면서 그는 잇단 사업의 부도를 맞으며 쫓기는 자처럼 숨어야 했다. 그런 어려움 속에서도 시를 놓지 않았고, 멀리 완도까지 내려가 신앙을 얻게 되었다. 그가 태어날 당시의 포천은 농촌이라 할 수 있었다. 그러나 도로의 구축과 차량의 성능발전, 전화망 네트워크시스템의 구축 등, 물류네트워크가 구축

되면서부터 포천에는 산업화 바람이 강하게 불어서 소흘면, 내촌면, 가산면을 주축으로 하는 산업단지가 구축되고 개인들의 공장도 폭발적으로 증가하게 되었다. 의정부에서 포천으로 이어지는 호국로에는 평균 100여 미터 간격으로 세워진 신호등 때문에 생긴 교통흐름 차단으로 인해 용달차나 택시기사들이 포천으로 가자고 하면 고개를 절레절레 흔들던 곳이었는데, 이제 포천은 최근 개통된 구리 - 포천 간 고속도로로 덕분에 물류시간이 1시간 이상 단축되었다. 게다가 최근 정부에서 예비타당성조사 면제를 발표하여 지하철 7호선이 포천까지 연장운행하게 됨으로써 이제 포천은 명실상부한 산업도시로서의 면모를 구축하게 되었고, 이는 그가 '싸릿골 청국장'의 창업에서부터 현재 아들에 이은 (주)LS생명과학 회사에 이르는 그 일가의 사업이 최근에 부는 웰빙의 붐과 함께 급속도로 발전하고 있다.

그가 지금과 같은 성공을 이룰 수 있었던 것은 끝까지 포기하지 않은 인내의 소산이라 할 수 있다. 그런 인내는 어디에서 나올 수 있었을까? 그것은 그가 끊임없이 사색하고 메모하며 책을 읽는 습관으로부터 비롯되었다고 해도 과언이 아니다.

이에 나는 그가 오늘에 이르기까지 거듭되는 실패와 오뚝이처럼 일어서는 과정에는 사랑의 힘이 가장 큰 밑바탕이 되었다고 본다. 가족들과의 사랑과 하나님으로부터 받은 사랑, 즉 신앙의 힘이 그를 다시 일으켜 세웠다고 생각한다. 오늘의 영광은 그가 하나님께서 "네 시작은 미미하나 마침내 그 끝은 창대하리니(구약성서 욥기 8장 7절)"고 하신 성경말씀처럼 광대무변한 하나님의 사랑을 증거하고 순종하는 과정 속에서 자연스런 결과로써 나는 이에 그의 시집 작품해설의 제목을 “거듭되는 실패와 오뚝이처럼 일어섬, 그 사이에 증거된 사랑의 능력”이라 정한다. 그러면 장황 시인의 시 몇 편을 읽으면서 그의 마음세계를 여행해보자.

뚝 떨어진 거친 벌판에서
혼돈의 머리로 허둥허둥
지난하게 홀로 걸어온 세월

언 가슴으로 시절 이기며
든든한 나무로 살고자
포실한 땅을 만나 뿌리를 내렸고
두 그루 나무를 겨드랑이 아래 심었다

아내의 땅에서 나는 고목이 되고
푸른 나무로 후손은 자라나
창대한 숲 함께 이루리니
이것은 우리 가족의 밝은 미래

오오 나 한 그루 나무되어
꿈결 같은 세상을 살다 가노니
여한 없음이라.

- 「우리는 창대한 숲이다」 전문

이 시는 이 시집 중에서 내가 가장 좋아하는 시다. 나는 이 시를

이 시집의 제목으로 붙였으면 하는 마음을 가지고 있다. 그렇지만 시집의 제목은 전적으로 작가의 몫이라 나는 작가의 마음을 존중한다. 사람이 창대한 숲이라는 장황 시인의 말씀에 전적으로 공감한다. 나무만 숲을 이루는 건 아니다. 인간이 대대손손 내려온 가게는 정말 숲처럼 위대하다. 숲은 댐이다. 물을 가두는 것만이 댐이 아니듯 사람도 댐이고 숲도 댐이며, 벚꽃도 댐이 될 수 있다. 그뿐만이 아니라 정서의 댐, 우정의 댐, 인연의 댐 등 모든 숲을 이루는 존재들은 댐이 될 수 있다. 숲에는 온갖 물상들이 함께 어울려 산다. 다람쥐, 청솔보, 너구리, 족제비, 살쾡이 등 동물을 비롯하여 버섯류, 이끼류, 고사리류 등의 음지식물들이 자란다. 이들의 그늘이 되어주는 소나무, 참나무, 잣나무, 전나무, 자작나무 등 수많은 나무들이 숲을 이룬다. 그리고 그 숲에 사는 개구리, 뱀, 두꺼비, 도롱뇽 등의 양서류와 꾀꼬리, 산까치, 찌빠귀, 박새, 솔새 등의 조류까지 숲은 온갖 동식물의 보물창고다. 숲은 물을 머금었다가 서서히 흘러 보내 농토와 작물들에게 젖줄이 된다. 그런 보물창고, 숲에다 부부의 마음을 비유한다는 자체가 무릎을 칠만큼 기발한 발상이라 할 수 있다. 장황 시인의 말씀처럼 부부 사이에 자라는 자식이라는 두 그루의 나무가 또다시 각각 두 그루씩의 나무로 번식한다면 그 집안은 금방 숲을 이룰 수 있을 것이다. 이 논리가 장황 시인께서 생각하신 "아내의 땅에서 나는 고목이 되고 / 푸른 나무로 후손은 자라나 / 창대한 숲 함께 이루리니 / 이것은 우리 가족의 밝은 미래"라는 지극히 당연하면서도 맘 설레는 논리다. 숲은 버섯과 나물, 그리고 재목을 생산할 뿐만 아니라, 피톤치드라는 매우 유익한 기운을 생산한다. 나는 장황 시인의 가족 숲에서 사랑의 피톤치드라는 매우 유익한 기운을 느낀다. 나무는 살다 죽어도 죽는 것이 아니다. 버섯의 모태가 되어주기도 하고 굼벵이며 개미의 집이 되어주기도 한다. 장황 시인은 이제 고목나무처럼 성장하셨고 거목이 되셨다. 책을 내는 사람은 이제 내 뜻과 마음이 든 유산을 남기는 셈이니 죽어도 죽지 않는다. 이렇게 우리 도서출판 문학공원 출판사에서 출판된 책은 적어도 국립중앙도서관과 국회도서관에 각각 납본되어지기 때문에 영원히 소장되게 된다. 그러므로 장황 시인은 이 땅에서 시인으로 살다 가시는 증거를 나라에서 인정해드리는 것이며 영원히 사신다는 증거를 나라에서 인정해드리는 것이다.

사업이
바람 되어 흩어진 날
나 어디로든
떠나야지
삶의 아픈 병중이 깊은 내 운명
얼어붙은 창문 사이로
언제 가냐 자꾸 묻는데
대답도 못하고 울고만 있다

난
오늘도
떠나려하지만
갈 곳이 어디인지 몰라

주저앉았다

오늘도
내 호흡 속에서
생의 운명을 버리지 못하고
점점 깊어가는 환자가 되어
가슴 속에서만 울음을 쏟고 있다.

- 「떠나야만 하는데」 전문

이 시는 그가 부도를 맞고 어디론가 떠나야만 하는데, 갈 곳을 몰라 방황할 때의 심정을 쓴 시다. 저 때의 심정이 어떤지 알 것 같다. 나도 세 번의 실패를 했다. 시골에서 공무원을 그만두고 나와 지인과 무작정 '봉제공장' 사업에 뛰어들었을 때 내게 돌아오는 것이라고는 실패라는 말뿐이었다. 지금 생각하면 왜 그리 무모했는지 모르겠다. 그리고 겨우겨우 응암동에 마련한 포천슈퍼에서의 안정적인 생활은 나를 다시 돈이라는 유혹에 빠지게 했고, 나는 다시 특별한 재주 없이 막연하게 '꿩대신닭'이라는 식당을 차렸는데 보기 좋게 넉다운되어 어린 아이들을 이끌고 거리로 내몰리게 되었다. 그때 나는 막노동과 노점을 하며 어떻게든 이 상황을 벗어나려고 출판사를 차리게 되었는데, 준비도 없고 지식도 없는 동업의 출판사는 거기서 또다시 실패를 보고 만다. 결국 나는 고군분투하여 혼자 출판사를 차리고 오늘에 이르러 성공한 사람이라는 인정을 받게 되었다. 장황 시인은 필자의 아버지 세대인지라 훨씬 많은 고

초와 역경을 겪으며 오늘에 이르렀을 거란 말을 서두에서 꺼낸 바 있다. 차마 자살을 할 수는 없고, 어디론가 떠나 숨어야 하는데, 물에 빠진 나를 꺼내줄 지푸라기라도 잡아야 하는데, 그곳이 어디인지 막연할 때의 심정은 지금 읽어도 가슴이 미어진다. 너무 가슴이 아파 주먹으로 한 대 세게 맞은 듯 멍하다.

버려진 나를
고물장사가 주워
용광로에 달구더니만
자물쇠로 만들어
열쇠에게 장가보내
병원 출입문 창살로 분가하였네

어느 부부는
기러기 가족 되어
한 달에 한 번도 힘 드는데
하루에도 몇 십 번
행복일까 불행일까
고통스럽기만 하네

다시 태어날 수만 있다면
어느 가정집으로 가서
하루에 한번만
깊은 곳 깊은 사랑
살며시 열어주는
부부가 되고 싶네.

-「열쇠 부부」 전문

이 시는 아마도 그가 사업에 실패하여 술과 담배, 원망으로 방탕한 삶에 빠졌을 때, 사모님께서 그를 정신병원 철창 안에 가둔 것 같다. 그래서 그는 다시 용광로에 넣어져 펄펄 끓는 쇳물이 되고, 연단하여 자물쇠 뭉치가 된 것이다. 자물쇠는 혼자 살 수 없다. 혼자 잠길 수도, 혼자 열릴 수도 없다. 오직 열쇠라는 짝꿍이 있어야 한다. 열쇠 또한 자물쇠가 없으면 무용지물이다. 우리는 길가에 떨어진 열쇠뭉치를 자주 본다. 예닐곱 개씩 달린 열쇠뭉치, 그 많은 열쇠뭉치엔 모두 다른 자물쇠가 있었을 것이다. 현관열쇠, 창고열쇠, 금고열쇠, 자동차열쇠, 오토바이열쇠, 사무실열쇠, 하물며 2층 계단의 화장실열쇠까지 달려있는 열쇠뭉치였을 것 같다. 그러나 그 열쇠뭉치의 분실은 한 번의 실수로 일곱 개의 자물쇠를 모두 쇠톱이나 절단기로 잘라 내거나 자물통 전체를 갈아주어야만 그 집 안으로 들어갈 수 있고, 그 자동차나 오토바이의 시동을 걸 수 있다. 장황 시인께서 비유하신 자물쇠와 열쇠는 우리 부부생활에도 매우 적절한 비유다. 아무리 남자가 근사하다고 할지라도 열쇠 같은 여자가 마음을 어루만져주어야만 남자의 마음이 열린다. 아무리 몸매가 날렵하고 예쁜 여자라 할지라도 잃어버린 열쇠처럼 길가에 내쳐진다면 뒤웅박신세다. 열쇠로 잠근다는 것은 그 안에 든 무엇인가에 대한 관심이 있다는 것이다. 열쇠로 연 다는 것은 그 안에 든 무엇인가로 향해 들어간다는 것이다. 따라서 남편을 정신병원에 가둘 때 아내의 심정이 오죽했으랴만, 그렇게라도 새 사람 만들고 싶어서 하루에도 몇 십번씩 바라보는 아내의 심정은 실로 찢어지는 듯 괴로웠을 것 같다. 그리하여 아내는 그 생살을 찢는 듯한 괴로움을 견디고 결국 남편을 수렁에서 건져냈기에, 그는 다시 태어나 지금처럼 아내를 아끼고 사랑하는 사람이 되었던 것이다.

칠십 평생 살아온 것 다 버리고
노숙자 되더라도 할 수 없다 하며
보따리 하나 들고 설날 집을 나섰다
선뜩한 수많은 상상 속에
공포심과 두려움은 한기를 몰고 와
매서운 추위에 매를 때렸다
스스로 만든 올가미
보이지 않는 암흑 속에
아무것도 분간할 수 없는 고통 속
공포심도 커졌다
내가 나의 심장에 못을 박고
고통스런 숨을 죽이며
헤매고 헤매도
삶의 고리는 오늘도 잡히지 않았다
벼랑 끝에 몰려
마음의 문고리는 잡히지 않고
무속인의 손짓처럼
허우적거리는 하루하루
오늘도 해는 석양을 넘는다.

- 「공포」 전문

이 시는 누구나 읽으면 그냥 그때의 상황과 심정이 읽히는 시다. 해설이나 각주를 달지 않아도 되는 시다. 그래도 나는 한 마디 하겠다. 설날 보따리 하나 들고 '노숙자 되더라도 할 수 없다'는 심정으로 집을 나올 때 몰려오는 공포감을 어찌 말로 표현할 수 있을까? 안정을 가져야 할 나이, 손자들의 재롱을 볼 나이, 세상을 되돌아보며 정리할 나이에 70이 다 돼서 보따리를 싸 집을 나온다는 것은 상상조차하기 힘든 일이다. 그것도 집을 나갔던 사람들, 멀리 외국에 갔던 사람이나, 소식이 없던 사람들까지도 돌아오는 설날에 집을 나온다는 것은 가히 자학수준이다. 얼마나 힘이 드셨으면 저런 행동을 하셨을까? 아무리 사업에 실패했다지만, 자식도 있고 가정도 있는 분인데, 집에 계시면 밥이야 안 먹여줄까 싶은데, 그는 작정하고 길을 나선 것이다. 여기서 무작정이란 말은 어울리지 않는다. 그는 작심하고 길을 나섰다. 내가 이렇게 무너질 수야 없지 않느냐. 늘 입버릇처럼 말해온 내 이름 '말짱황(말 장황)'이라 했지만, 이렇게 내 삶을 장황하게 늘어놓을 수만은 없지 않느냐, 나는 최고의 황제가 되리라. 그렇게 하려면 고행해야 한다고 생각했을 것이다. 예수가 십자가를 지고 골고다 언덕의 가시밭길을 맨발로 걸을 때 심정이 어떠했을까? 집 나가는 상황 시인이 심정이 그러했을 것 같다. 고행은 고생이란 말과 엄연히 다르다. 장황 시인은 고생하려고 집을 나간 게 아니다. 고행을 통해 무언가 깨닫고 싶어서. 인간으로 태어난 장황, 내가 이렇게 무너지고 말 것인가를 깨닫기 위하여 출가하는 심정으로 집을 나갔다고 본다. 처음 나갈 때야 사람들의 눈초리가 무섭고, 거리가 차갑고, 어디로 들어가 잠을 청해야 할는지 막막했을 것이다. 그러니 얼마나 두렵고 무서웠으면 당시 심정을 담은 이 시의 제목을 「공포」라 붙이지 않았는가? 그러나 그런 과정을 통해 오늘의 장황 시인이 탄생된 것이다. 그런 과정 없이 단순히 실패한 가장, 할아버지로만 남았다면 이처럼 가슴 절절한 시, 진실 강한 시는 써내시지도 못했을 뿐만 아니라, 용기 없는 자가 자살을 택하는 바, 그는 극단적 생각을 했을 수도 있었건만 결국 스스로에게 예수와 같은 고행의 멍에를 씌워 가출을 단행했기에 지금처럼 크고 단단한 어른, 우러러보이는 시인으로 성장하시며, 오늘의 행복을 만들 수 있었던 것이다. 행복은 누가 주는 것이 아니라 내가 스스로 만드는 것, 따라서 오늘 그가 가진 행복은 마치 모진 눈보라를 견뎌낸 뒤에 온 봄과 같다.

나의 기쁨은
날마다 새로 만들어
걸고 다니는 목걸이

누가 눈여겨보지 않아도
소중히 간직하였다가
누군가가 달라고 하면
주저 없이 내어주고
다시 채워가는 행복

아름답고 크지 않고
빛이 눈부시지 않아도
베풀고 나누는 일은

또다시 만들어지는 무한의 향기

살아 있는 동안
많이 베풀고 나누려하는 나
값진 나눔은 목걸이 되어
나의 목에서 빛나고 있다.

- 「나누어 가지는 향기」 전문

이 세상 모든 존재에는 냄새가 있다. 냄새란 말은 향기를 포괄하는 말이지만 향기보다 상위의 개념은 아닐 것 같다. 우리는 좋지 않은 것은 냄새, 좋은 것엔 향기라는 말을 붙인다. 똥냄새, 발냄새, 시체 썩는 냄새, 하수구 냄새, 지린 냄새 등 좋지 않은 냄새를 가리킬 때는 냄새라는 말을 한다. 그런데 향기란 좋은 냄새만을 뜻한다. 꽃향기, 채소향기, 과일향기, 풀향기, 나무향기 등 좋은 냄새를 가리킬 때 우리는 향기라는 말을 쓴다. 그런데 향기란 그저 냄새만을 뜻하는 것은 아닐 것 같다. 사람의 향기는 몸에서 나는 것이 아니라 그가 하는 행동에서 비롯되는 그윽한 마음씨의 울림 같은 것이다. 사람은 나눌 때 가장 행복해진다. 가진 자는 교만을 나누고 없는 자가 오히려 재물을 나눈다. 재물을 나누고, 봉사를 나누고, 동정을 나누고, 피를 나누며, 죽으면 장기마저 나누는 사람들이 있다. 나는 지난밤에 강원도 산불피해지역의 이재민들을 위해 소정의 금액을 계좌이체 기부했다. 엊그제 장모님께서 96세를 일기로 소천하셨는데, 그때 내게 들어온 부의금 중 일부다. 그렇게 하고나니

너무 행복해진다. 비록 적은 금액이지만 나는 늘 오랜 세월동안 그렇게 기부해왔다. 누가 불이 났다고 할 때, 누가 아프다고 할 때 나는 솔선수범해서 모금운동을 해왔다. 십시일반 마음을 나누는 것이다. 혼자는 적은 금액이지만 여러 사람이 하면 힘이 커지고 당사자에게도 도움이 된다. 장황 시인도 사람들과 향기를 나누고 싶은 것이다. 매일, 의무적으로 향기를 나누어가지고 싶은 것이다. 그는 진실로 기뻐질 수 있는 방법을 안다. 그것은 나눔이다. 그래서 그는 "누가 눈여겨보지 않아도 / 소중히 간직하였다가 / 누군가가 달라고 하면 / 주저 없이 내어주고 / 다시 채워가는 행복"을 이제 생의 가장 큰 목표이자 기쁨으로 삼고 있는 것이다. 나는 어제 장황 시인께서 기부하신 '칼라프린터' 한 대를 택배로 받았다. 장황 시인께서 최근 사무실에 오셨을 때, 칼라프린터기가 없어 다른 곳으로 인쇄하러 다닌다는 말을 듣고 기부하신 프린터가 택배로 온 것이다. 나는 칼라프린터에 '2019년 4월 15일 장황 시인 기부'라 써서 스카치테이프로 붙여 놓았다. 나는 저 프린터를 쓸 때마다 장황 시인께 감사할 것이다. 내가 어느 시인이 집에 불이 나서 전소되었다는 소식을 듣고 모금활동을 해서 그가 다시 집을 지을 수 있도록 일부나마 보탬을 주었을 때 그가 살면서 늘 내 생각을 한다는 말을 들었던 것처럼 나는 프린터를 쓸 때마다 장황 시인께 감사할 것 같다. 장황 시인은 날마다 '나눔'이라는 목걸이를 새로 만들어 걸고 다닌다. 아내에게 가족에게 이웃에게 사회에게 마음의 그윽한 향기를 나눌 수 있다는 것이 노후에 얼마나 큰 행복인가?

당신이 그냥
곁에 있어주는 것만으로
나는 행복한 사람이었음을
집 떠나서야 알았다

아침에 눈 뜨고
또 저녁잠 들 때까지
오십여 년 동안
나의 아내가 아기 기르듯
베풀넌 사랑을 알았다

꽃병에 꽃이 없는
버려진 꽃병 신세인 나
허무하고 쓸쓸하고 외롭다

오늘도 바닷가를 서성이며
같이 살았던 삶을 생각하며
법관되어 나를 판결한다

징역 십 년
벌금 일 억
집행유예 평생
판결문을 쓰고 있다.

- 「꽃 없는 꽃병」

이 시는 그가 사업에 실패하고 고향집을 떠나와 고행을 하고 있을 때 쓰신 시다. 사람은 사람이 곁에 있을 때는 그 소중함을 모른다. 사람의 부재는 사랑의 부재임을 모른다. 사랑의 가치는 홀로 있을 때 진실로 알게 된다. 많은 남자들은 사랑을 생활의 불편 정도로 여기는 경우가 허다하다. 집사람이 없으면 라면을 끓여먹어야 하는 수고, 며칠 더 안 들어오면 귀찮은 몸을 이끌고 근처 식당으로 가서 매식을 해야 하는 수고, 그리고 홀로 있는 심심함에 소주병을 사들고 들어와 텔레비전과 마주앉는 수고쯤으로 여기는 남자들이 많다. 그런데 그렇게 생각하면 정말로 큰 오산이다. 홀로된다는 것은 단순히 곁에 있던 여자 한 명이 없어진다는 것이 아니라, 최소한 자기 삶의 1/2을 잃어버리게 되는 것이다. 아니, 모든 것을 망칠 수 있으니 모두를 잃어버린다고 해도 과언이 아니다. 흔히 우리는 사랑의 부재를 말 할 때, 앙꼬 없는 찐빵, 고무줄 없는 팬티, 줄 끊어진 연, 레일 없는 기차, 쌀 없는 쌀독 등의 비유를 한다. 그런데 장황 시인이 비유한 '꽃 없는 꽃병'은 가히 무릎을 치는 비유다. 전자의 비유들 즉 '찐빵, 팬티, 연, 기차, 쌀독'은 모두 후자가 전자, 즉 원관념이 보조관념을 제어한다. 보조관념은 그저 보조관념으로서의 역할을 다할 뿐, 원관념의 존재를 무너뜨리지 못한다. 그런데 장황 시인이 비유하신 '꽃 없는 꽃병'은 '꽃 = 꽃병'의 대등한 관계이자 '꽃 > 꽃병'의 종속관계이기도 하다. 따라서 주체가 장황 시인 즉 꽃병이 아니라, 아내 즉 꽃이 주체인 것이다. 남자는 나이가 들면 아내의 말을 잘 들어야 한다. 아내가 없어지면 개밥의 도토리신세가 되는 것은 뻔한 이유다. 따라서 지금 장황 시인께서 아내의 말을 잘 듣는 것은 매우 당연하고 자연스런 처세법이다.

방랑생활에 깊이 빠져
이웃을 향한
한 가닥의 웃음에도 인색했습니다
용서하십시오
주님 당신이 선물로 주신
영혼의 생명
나의 어리석음으로
버리는 일이 없게 하소서
모든 일상의 어려움
굴복이 극복의 태도로
실망을 용기로
임하게 하소서
나 살아있을 때
한번이라도 따스한 격려의 말과
웃음을 주게 하소서
나 나날이 주님의 뜻 따라
복종하며 살아가는
종이 되게 하소서.

- 「기도 - 완도 안디옥교회에서의 첫 기도」 전문

이 시는 장황 시인이 가출하여, 아니 앞서 말한 바와 같이 출가하여 전국을 방황하다가 마침내 완도에 자리를 잡고 완도안디옥교회로 걸어 들어가 신앙을 가지게 된 이후 하나님께 처음 올린 기도다. 처음 올린 기도지만 얼마나 절실한지 알겠다. 장황 시인의 모든 소망과 다짐이 이 짧은 기도에 다 들어있다. 앞으로도 이런 기도는 나오지 않을 듯싶다. 왜냐하면 그때 그 기도처럼 절실해지지 않을 것이기 때문이다. 그때 장황 시인은 홀로 길을 잃고 헤매는 어린 양이었다.그런 어린 양을 우리의 선한 목자, 주님께서 벌떡 안아 올리시고 바른 길로 인도해주신 것이다. 아마도 그때 그가 완도안디옥교회로 들어가지 않았다면 아마도 그는 지금 이 세상에 없는 사람인지도 모른다. 그런데 하나님께서는 그가 새로 살 수 있는 사람, 하나님의 종이 될 수 있는 사람임을 아시고 그를 완도안디옥교회로 인도하신 것이다. 이 나라 땅 끝에 위치한 완도, 포천 사람이 완도까지 가는 과정은 얼마나 많은 고통과 시련이 함께 했는지 당사자만 알 수 있을 것이다. 추위와 배고픔과 부끄러움과 분노와 망설임, 인간이 가질 수 있는 모든 감정을 삭이고 다독이는 과정은 고통 그 자체였을 것이다. 그렇지만 예수님께서 스스로 십자가에 못 박혀 죽임을 당하시면서 우리의 죄를 사하여주셨으므로 장황 시인이 오늘 이렇게 시집을 내면서 기쁜 날을 맞이할 수 있었던 것이다. 장황 시인이 그때 그런 실패가 없었다면, 설날 가출하는 일도 없었을 것이고, 그 먼 땅 완도까지 내려가는 일도 없었을 터, 하나님께서 그를 연단하시고 다시 일으켜 세우시고자 그를 완도안디옥교회까지 부르셨던 것이다. 잠시 기도하자면 "예수님께서 십자가에 못 박혀 죽음으로써 그 보혈로 새 생명을 얻으신 장황 시인은 앞으로도 변치 않는 신앙으로 포천과 문인사회에 봉사하실 줄 믿습니다.(아멘)" 그러니 결국 그는 가출하였지만 신앙을 얻고자 출가한 셈이다.

이상에서처럼 장황 시인의 시 몇 수를 읽으면서 장황 시인의 마음세계를 여행해 보았다.

칠순의 나이에 집을 나가 겪은 그의 시련과 고통은 공짜가 아니었다. 이 세상에 공짜는 없다는 말이 바로 그 말이었다. 소주 한 병 사들고 밤새 노숙을 하다보면 저승사자의 발자국소리도 들리고, 오늘은 어떻게 사나, 무얼 어떻게 입에 넣나, 어디서 잠을 청해야 하나를 생각하다보면, 예리한 칼날로 세상과의 연을 끊고 싶었을 것이다. 정신병원의 철창에 갇혀 차갑고 무서운 밤을 지내다보면 내 관을 싣고 북망산천을 행해 떠나가는 상여꾼의 요령소리도 들렸을 것이다. 술을 마시고 담배를 피우면서, 울며 밤을 지새우면서, 고양이의 앙칼진 울음소리를 들으면서, 이리저리 방황하다 보면 정착하고 싶었을 것이다. 그렇게 찾아간 완도 땅 안디옥교회에 들어가 하나님을 알게 되고, 그곳에 정착하게 되면서 두부 만드는 법과 청국장 만드는 법을 설명할 땐 다시 일어서야겠다는, 다시 일어설 수 있다는, 그리고 언젠가는 고향에 돌아가 새로운 꿈을 펼치겠다는 한 줄기 희망을 건져 올렸을 것이다.

장황 시인은 시인이 될 수밖에 없었던 사람인 것 같다. 그가 써 내려간 시편들은 모두 하나같이 튼실한 시적 장치를 가지고 있다. 시를 전문적으로 배우지 않은 사람이 어찌 이런 깊이까지 시를 받아들일 수 있었을까 내심 혀를 내두른다. 가장 좋은 시는 기교에 의지하지 않고 진실로 쓴 시다. 시에 있어 진실이란 스토리를 말한다. 나는 16년 된 잡지 스토리문학의 발행인이다. 사람들은 나를 보고 책의 제목을 왜 스토리문학이라 했느냐 묻는다. 모든 문학은 스토리가 있어야 재미를 생산해낼 수 있기 때문이라는 말이 그 대답이다. 매끄러운 기교나 눈에 탁 트이는 시어는 그리 많이 보이지 않지만 그의 시는 모두 스토리를 가지고 있다. 내면 깊은 성찰로부터 우러나온 시편들이기 때문에 읽는 사람으로 하여금 깊은 감동을 준다. 독자의 마음을 우롱하지 않으며 독자가 스스로 감정을 불러내지 않아도, 시편들 자체에 깊고 그윽한 사유가 들어있어 내면 깊은 곳에 잠자고 있는 감정을 이끌어 올리기에 충분한 시편들이다.

이 시집을 편집하고 교정하고 작품해설을 쓰면서 많이 울었다. 많은 감동을 받았다. 작은 실패에도 좌절하고 너무 쉽게 포기하고 스스로 목숨을 저버리는 젊은이들에게 저런 연세에도 가출할 수 있구나. 그리고 재기할 수 있구나, 인생은 죽을 때까지 기회구나. 천수를 다해 사는 것만으로도 성공이구나. 그런 용기를 주신 장황 시인께 감사의 박수를 보내며 첫 시집 상재와 팔순을 진심으로 축하드린다.

이 도서의 국립중앙도서관 출판예정도서목록(CIP)은 서지정보유통지원시스템 홈페이지(http://seoji.nl.go.kr)와 국가자료종합목록시스템(http://www.nl.go.kr/kolisnet)에서 이용하실 수 있습니다. (CIP제어번호 : CIP2019012550)

장황 시집

나누어 가지는 향기

초판인쇄일 2019년 4월 22일
초판발행일 2019년 5월 07일

지은이 : 장 황
발행인 : 김순진
편집장 : 전하라
디자인 : 김초롱
펴낸곳 : 문학공원
등 록 : 2004년 3월 9일 제6-706호
주 소 : 우편번호 03382 서울 은평구 통일로 633
녹번오피스텔 501호 스토리문학사
전 화 : 02-2234-1666
팩 스 : 02-2236-1666
홈페이지 : http://cafe.daum.net/yob51
이메일 : 4615562@hanmail.net

※ 책값은 뒤표지에 있습니다.